GEMEINSAME ERZIEHUNG MIT EINEM NARZISSTEN MEISTERN

GEMEINSAME ERZIEHUNG MIT EINEM NARZISSTEN MEISTERN

HANLEY STANLEY

CONTENTS

Kapitel 1: Einführung	1
Teil I: Narzissmus in der gemeinsamen Erziehung ve	3
Teil II: Grenzen setzen gegenüber einem narzisstis	7
Teil III: Frieden und Stabilität in der gemeinsame	10
Teil IV: Konzentration auf die Erziehung sicherer	14
Abschluss	18

Copyright © 2025 by Hanley Stanley
All rights reserved. No part of this book may be reproduced in any manner whatsoever without written permission except in the case of brief quotations embodied in critical articles and reviews.
First Printing, 2025

Kapitel 1: Einführung

Die gemeinsame Erziehung mit einem toxischen Narzissten gehört zu den schwierigsten Erfahrungen, die man als Elternteil und Erwachsener machen kann. Die extreme Natur von Narzissten – ihr Bedürfnis nach Kontrolle und Manipulation – kann selbst die einfachsten Erziehungsgespräche in ein Schlachtfeld verwandeln. Da Narzissmus in der Eigenliebe verwurzelt ist, ist es weder illegal noch normalerweise ein Hauptgrund für ein Gericht, die Zeit eines Elternteils mit seinen Kindern einzuschränken. Folglich müssen wir nach der Scheidung lernen, ein neues Leben als parallele Co-Eltern mit einem toxischen Ex aufzubauen. In diesem Buch werde ich wichtige Themen wie Selbstschutz, Grenzen setzen, Frieden finden und sichere Kinder großziehen, trotz der Bemühungen des Co-Elternteils, diese Ziele zu durchkreuzen, behandeln.

Als Autorin, Coach und Rednerin, die selbst eine schwierige gemeinsame Elternschaft durchlebt hat, begegne ich häufig Personen, die sich in ihrer eigenen schrecklichen Situation der gemeinsamen Elternschaft zurechtfinden müssen. Die Probleme, mit denen sie konfrontiert sind, sind vielfältig und betreffen oft auch die Frage, wie sie Informationen zwischen den Familien austauschen, ihre Kinder schützen und ihr Leben als alleinerziehende Eltern wieder aufbauen können. Viele suchen nach Werkzeugen, um mit ihren narzisstischen Ex-Partnern umzugehen, und versuchen, den Frieden zu wahren oder wenn möglich stärkere Grenzen zu setzen. Letztendlich möchten viele Eltern mehr Vertrauen in ihre Fähigkeit haben, ihren Kindern ein sicheres Umfeld zu bieten.

Narzisstische Züge bei der gemeinsamen Erziehung verstehen

Haben Sie schon einmal davon geträumt, dass Ihr Co-Elternteil von seiner Persönlichkeitsstörung geheilt wird? Sich vorgestellt, dass er zu einem netteren, neugierigeren, klügeren und kooperativeren Menschen wird, wenn es um die Betreuung Ihres schönen Kindes geht? Für viele war dies die erste Hoffnung auf ihrem Weg der gemeinsamen Erziehung mit einem Narzissten: dass die Verbannung des Narzissten aus Wohlwollen, Gesundheit und Menschlichkeit nicht von Dauer sein könnte. Wer hat sich in unseren dunkelsten Stunden nicht gewünscht, dass das Universum die Kinder eines vor Liebe überfließenden Narzissten in einer wundersamen kosmischen Wendung verschont? Diese Hoffnung stützt das Wohlwollen, das Sie Ihrem Co-Elternteil gegenüber haben.

Familiengerichte teilen Ihnen zwei Dinge über die gemeinsame Erziehung mit einem Narzissten mit: Erstens wünschen sie sich auch das zukünftige Wohlwollen der Co-Eltern. Richter verstehen, dass eine erfolgreiche gemeinsame Erziehungsbeziehung allen zugute kommt, insbesondere den Kindern. Zweitens erkennen sowohl das Gericht als auch Ihr Wohlwollen an, dass die Verführungswerkzeuge des Narzissten tadellos sind. Sie können Ihre Wünsche mit einem Bild dessen manipulieren, was Sie sich wünschen, und Sie oft zu spät entwaffnen.

Aber gehen wir weiter. Lassen Sie uns untersuchen, wie wir Freiheit entdecken können, die nicht vom guten Willen unserer Miteltern abhängt. Stattdessen können wir ihre Gnade einladen, daran teilhaben und Zeuge werden, wie sie durch unsere Einladung zur Leidenschaft gestärkt werden und ihre Liebe als Eltern in das Leben unserer Kinder fließt. So verhalten sich wirklich gute Eltern, die zu gutem Willen fähig sind.

Teil I: Narzissmus in der gemeinsamen Erziehung ve

Wenn wir über gemeinsame Erziehung sprechen, ist es normal, über Kooperation und Zusammenarbeit bei der elterlichen Fürsorge zu sprechen. Allerdings wird die gemeinsame Erziehung immer häufiger im Kontext einer Beziehung mit jemandem diskutiert, der eine narzisstische Persönlichkeitsstörung (NPD) oder starke narzisstische Züge hat. Vielleicht sind Sie jemand, der nie aktive oder passive Züge einer narzisstischen Persönlichkeitsstörung erkannt hat, bevor Sie mit jemandem gemeinsam erzogen wurden.

Es ist wichtig zu verstehen, dass Sie es hier wahrscheinlich mit jemandem zu tun haben, von dem Sie glauben, dass er eine Persönlichkeitsstörung hat. Die grundlegende Natur einer solchen Störung besteht darin, dass die Betroffenen sich nicht daran stören, wie sie andere behandeln, und nur sehr wenig Anreiz haben, sich zu ändern. Ein bekanntes Merkmal von Narzissten ist ihre Schwierigkeit, persönliche Verantwortung für negative Folgen zu übernehmen, selbst wenn sie größtenteils selbst schuld sind. Sie nehmen oft die Rolle des Opfers oder Märtyrers ein. Bevor man hofft, dass ihr Bewusstsein für ein Problem zu einer Veränderung führt, muss man sich dessen im Voraus bewusst sein: Es ist unwahrscheinlich, dass sich Ihr Co-Elternteil ändert, selbst wenn er erkennt, dass er an einer NPD leidet. Das Lesen der gesamten relevanten Literatur wird das Verhalten eines Elternteils mit einer Persönlichkeitsstörung nicht ändern. Es wird das Trauma der gemeinsamen Erziehung mit einem Narzissten oder des Umgangs mit unerfahrenen Familiengerichten nicht lindern. Die Schlüsselstrategie besteht darin, einen Erziehungsplan zu entwerfen, der auf normativeren gemeinsamen Werten beruht, die in einem Gerichtsbeschluss enthalten sind, und nicht auf den Einzelheiten eines hochkonfliktreichen Erziehungsplans oder eines Richtlinienbuchs, das die gemeinsame Erziehung einschränkt. Dieser Ansatz kann dazu beitragen, die chaotische und beunruhigende Entwicklung des Ex-Partners mit narzisstischer Persönlichkeitsstörung einzudämmen.

Definition der narzisstischen Persönlichkeitsstörung

Ein Narzisst ist nicht nur jemand, der arrogant oder egozentrisch ist, sondern auch emotional ungeeignet. Eine narzisstische Verletzung entsteht, wenn jemand ihn mit der Wahrheit konfrontiert und seine Fassade ablehnt, daher der Begriff „narzisstische Verletzung". Der Begriff „Narzisst" wird verwendet, um jemanden mit einer narzisstischen Persönlichkeitsstörung (NPD) zu beschreiben. NPD ist eine medizinisch diagnostizierbare Persönlichkeitsstörung, die die Art und Weise beeinflusst, wie eine Person über sich selbst und andere denkt und fühlt. Während einige Menschen Symptome von Narzissmus aufweisen können, erfüllt nur etwa 1 % der Bevölkerung alle Kriterien für die Diagnose.

Eine Person mit NPD kann Grandiosität an den Tag legen, sich so verhalten, als stünde sie über allen anderen und sich nur mit anderen umgeben, die sie für ähnlich hält . Narzissmus kann auch Frauenfeindlichkeit und Diskriminierung beinhalten. Die Intensität und die Folgen des Narzissmus einer Person können sich von denen einer anderen Person unterscheiden, aber in erster Linie geht es um NPD. Selbst wenn man auf diese Vorurteile hinweist, verhalten sich Narzissten aufdringlich, beispielsweise diffamierend. Obwohl kognitive Verhaltenstherapie Menschen mit verschiedenen Persönlichkeitsstörungen helfen kann, ist der Umgang mit Narzissmus, insbesondere NPD, eine Herausforderung. Es gibt jedoch Behandlungsmöglichkeiten. Um die Eigenschaften und Handlungen eines

Narzissten genau zu identifizieren und Strategien zu entwickeln, um die Wahrscheinlichkeit weiteren Schadens durch seine verletzliche Wut zu minimieren, ist es entscheidend, die Fähigkeiten der Überlebenden zu schärfen.

Auswirkungen von Narzissmus auf die Co-Eltern-Beziehung

Um zu verstehen, wie man die gemeinsame Erziehung mit einem Narzissten bewältigt, muss man sich die spezifischen Merkmale ansehen, die diese Art von Erziehung auszeichnen, und welchen Einfluss sie auf die Kinder und die gemeinsame Erziehungsbeziehung hat.

1. **Starre Weltanschauung** : Narzissten glauben im Allgemeinen, dass ihre Weltanschauung die richtige und einzig richtige ist. Sie fühlen sich berechtigt, der Welt ihre Sichtweise aufzuzwingen und erwarten, dass andere ihnen folgen. Dies führt oft dazu, dass das Kind seine Grenzen nicht anerkennt und als Erweiterung der Eltern betrachtet wird. Dies kann zwar liebevoll erscheinen, da die Eltern oft mit ihrem Kind angeben wollen, das Kind jedoch in Wirklichkeit nicht in der Lage ist, sein wahres Ich auszudrücken.
2. **Ego-Aufblähung** : Personen mit NPD brauchen oft ein aufgeblähtes Ego, normalerweise indem andere ihr Verlangen nach Bewunderung nähren. Um das Kind für sich zu „gewinnen", kann ein narzisstischer Elternteil Manipulation und Entfremdung einsetzen, indem er als der ultimative Elternteil auftritt und den anderen Elternteil herabsetzt. Wenn das Kind älter wird, kann der narzisstische Elternteil mit dem Kind prahlen, um zu zeigen, wie viel besser es als der andere Elternteil ist.
3. **Schwierigkeiten mit Kritik** : Narzissten tun sich mit konstruktiver Kritik schwer und geben schnell anderen die

Schuld, wenn im Leben ihrer Kinder etwas schief läuft, anstatt Probleme zu lösen und an Lösungen zu arbeiten. Dies erschwert die ohnehin schon komplexe Aufgabe der gemeinsamen Erziehung.

4. **Perfektionismus und Fehler** : Narzissten sind perfektionistisch und erkennen ihre eigenen Denkfehler normalerweise nicht. Bei Scheidungen kommt es häufig vor, dass Kinder sich gegen den anderen Elternteil auflehnen und sich gegenseitig ausgrenzen. Dies kann oft mit therapeutischen Maßnahmen angegangen werden. Wenn jedoch ein narzisstischer Elternteil die Entfremdungstaktik anwendet, wird es in den Augen des Kindes fast unmöglich, die Wahnvorstellungen von der Realität zu trennen.

Teil II: Grenzen setzen gegenüber einem narzisstis

Klare und feste Grenzen setzen

Das Setzen klarer und fester Grenzen ist der erste Schritt zu einer effektiven gemeinsamen Erziehung mit einem Narzissten. Die Etablierung vorhersehbarer Routinen ist entscheidend. Die Person, mit der Sie arbeiten, hat bereits Erfahrung im Umgang mit ihren Kindern. Um also nicht auf die Füße zu treten und unnötigen Druck auszuüben, ist es wichtig, die bestehenden Zeitpläne und Routinen des Haushalts kennenzulernen. Schaffen Sie eine sichere Umgebung, in der das Kind mit der Zeit eine Routine entwickeln kann, ohne zu vielen Veränderungen ausgesetzt zu sein. Beschäftigen Sie sich mit Ihren Stiefkindern mit lustigen Aktivitäten, die gute Erinnerungen fördern und mit der Zeit eine Beziehung aufbauen.

Wenn die gemeinsame Erziehung mit einem Narzissten nicht zu einem Zustand des Friedens und der Akzeptanz geführt hat, kommt es zwangsläufig zu wiederholten Konflikten. Um dies zu vermeiden, müssen Sie **strikte und nicht verhandelbare Grenzen festlegen** und diese einhalten. In Foren wie Chump Lady finden Sie unzählige Geschichten von Menschen, die zu scheinbar trivialen und kleinlichen Auseinandersetzungen genötigt wurden, von der Frage, wo ein Kind im Flugzeug saß, bis hin zur Frage, wann das Kind abgesetzt oder abgeholt wurde. Solche Konflikte sollen Angst und Frustration verursachen, weil sie den Bedürfnissen des Narzissten dienen.

Um den Frieden zu wahren, ist es wichtig, Grenzen zu setzen und das Bedürfnis des Narzissten, diese Grenzen zu „besprechen", zu beherrschen. Wie Ihnen jeder Anwalt für Familienrecht sagen wird, sind **Grenzen und klare, eindeutige schriftliche Anordnungen** die besten Mittel. Nur wenn Sie die Realität Ihres Co-Elternteils akzeptieren und selbst die Brücke des Friedens betreten, können Sie eine sichere Umgebung für die gemeinsame Erziehung schaffen. Diese Brücke des Friedens ermöglicht es Ihnen, sich auf sich selbst und Ihre Kinder zu konzentrieren, und schützt Sie vor dem Chaos und der Unberechenbarkeit des narzisstischen Co-Elternteils.

Grenzen effektiv durchsetzen

Sobald Grenzen festgelegt sind, ist es entscheidend, diese effektiv durchzusetzen. Beginnen Sie damit, unerwünschtes Verhalten schnell und effizient mit direkter und ehrlicher Sprache zu benennen und dabei möglichst wenige oder gar keine Details anzugeben. Wenn Ihr Partner beispielsweise zwei Stunden lang vor den Kindern verbal Amok läuft, schlagen Sie ruhig eine Trennung vor, mit einer Aussage wie: „Ich werde einen Ort finden, an dem ich mich beruhigen kann, und wir werden das öffentlich besprechen." Entfernen Sie die Kinder während dieser Trennung aus der Reihe des toxischen und manipulativen Verhaltens und nutzen Sie die Zeit, um sie zu trösten und aufzumuntern. Nachdem eine Grenze überschritten wurde, machen Sie den Kindern klar, dass das Verhalten falsch war, vermeiden Sie es jedoch aus Respekt, die Situation weiter zu diskutieren.

Um Grenzen effektiv durchzusetzen, muss man sich darüber im Klaren sein, was vernünftig ist. Nach einer Sorgerechtsanhörung ist es beispielsweise eine vernünftige Grenze, eine Zusammenfassung der vorgelegten Beweise anzufordern. Es ist jedoch nicht vernünftig, jedes körnige Bild des anderen Elternteils zu verlangen, um zu sehen, ob Ihr Kind im Hintergrund zu sehen ist. Grenzen sind nur dann wirksam, wenn sie sowohl vernünftig als auch durchsetzbar sind.

, **diese Grenzen effektiv zu kommunizieren** . Es ist wichtig, eine konfliktarme Kommunikationsplattform zu schaffen und sich daran zu halten. Entscheiden Sie bei der Kommunikation einer Grenze, ob Sie eine einmalige Nachricht senden oder eine Standardantwort für anhaltende Probleme verwenden möchten. Eine einmalige Nachricht kommuniziert eine bestimmte Entscheidung, z. B. „Ich bin an der Reihe, vor dem Schlafengehen eine Geschichte zu erzählen. Lassen Sie in Zukunft bitte ihren Kindle oder andere elektronische Geräte in Ihrem Zimmer, wenn ich an der Reihe bin." Dies legt eine klare Zeit für die Technikpause des Kindes fest.

Eine Standardantwort könnte so aussehen: „Ich verstehe, dass Sie das Kind am vierten Sonntag im Oktober ins Bett bringen müssen. Ich erwarte gemäß unserer gerichtlichen Anordnung meine Zeit zum Nachholen." Dies informiert den anderen Elternteil über eine Grenze, die konsequent durchgesetzt wird.

Wenn eine wirksame Kommunikationsstrategie mit geringem Konfliktpotenzial eingesetzt wurde und die Grenze dennoch überschritten wird, ist es an der Zeit, die Situation neu zu bewerten und bei Bedarf Konsequenzen zu ziehen.

Teil III: Frieden und Stabilität in der gemeinsame

Strategien zur Konfliktbewältigung

Frieden und Stabilität sind entscheidend für die gesunde Erziehung von Kindern. Diese Begriffe können jedoch subjektiv sein und für verschiedene Menschen unterschiedliche Bedeutungen haben. Für die Zwecke dieses Leitfadens beziehen sich Frieden und Stabilität auf den Versuch, offene Konflikte durch Neutralisierung zu begrenzen, zu minimieren oder produktiv zu bewältigen, was sowohl für die Co-Eltern als auch für ihre Kinder als Schutzfaktor dienen kann. Versöhnliche und positive Co-Erziehungsstile sind mit einem höheren Maß an Sicherheit bei Kindern verbunden. Unter Neutralisierung verstehen wir die Bemühungen von Fachleuten, schwere Konflikte und/oder Gewalt zwischen den Eltern zu beenden oder zumindest zu unterbrechen. In vielen Fällen können sich Co-Eltern auf Neutralisierungsmaßnahmen einigen, um hohe Spannungen beim Abholen oder Bringen der Kinder abzubauen. Dies ist zwar ein Schritt in die richtige Richtung, aber es ist immer noch eine reaktive Maßnahme, die wertvolle Ermittlungszeit in Anspruch nimmt. Viel zu wenige Co-Eltern werden ermutigt, proaktive Schritte zu unternehmen, um zu verhindern, dass eine Neutralisierung jemals notwendig wird.

Die folgenden Abschnitte enthalten umfassende Empfehlungen und Strategien zur aktiven Konfliktneutralisierung und Förderung friedlicherer, harmonischerer Beziehungen. Diese Strategien unterstützen die Überzeugung, dass eine gute Arbeitsbeziehung die

Grundlage für eine effektive gemeinsame Elternschaft ist. Der Schwerpunkt liegt auf verschiedenen Aspekten jeder gemeinsamen Elternschaft, die Einzelpersonen entwickeln können, um ein Gleichgewicht miteinander zu finden. Dieser Abschnitt beginnt mit einer Bewertung der Wirksamkeit von Beratungs- und Erziehungsbildungsdiensten bei der Bewältigung von Konflikten zwischen mehreren Eltern. Anschließend werden praktische Ratschläge gegeben, wie potenzielle oder neue Partner auf eine Weise eingebunden werden können, die den Teamgeist stärkt und gleichzeitig potenziellen Konflikten vorbeugt. Der Abschnitt endet mit Ratschlägen zum Umgang mit schwierigen Anpassungen wie Arbeitslosigkeit, Obdachlosigkeit oder Gerichtsbeschlüssen/Kindesunterhalt.

Eine unterstützende Community aufbauen

Auch wenn die gemeinsame Erziehung mit einem Narzissten unmöglich erscheint, kann es von unschätzbarem Wert sein, eine unterstützende Gemeinschaft zu haben. Tragen Sie die Telefonnummern Ihrer unterstützenden Freunde und Familienmitglieder bei sich, falls Sie im Notfall Hilfe benötigen. Ihre Gemeinschaft kann Ihnen emotionalen Rückhalt und praktische Hilfe bieten, wenn es schwierig wird.

Nutzen Sie die Gray Rock-Technik

Die **Gray Rock-Technik** soll Ihnen helfen, sich von Narzissten zu lösen, wenn diese missbräuchliche Taktiken anwenden. Indem Sie nicht mehr reagieren und das Interesse verlieren – im Grunde ein „grauer Stein" – entziehen Sie dem Narzissten die emotionale Reaktion, die er sucht. Diese Technik hilft Ihnen, keine Quelle narzisstischer Zuwendung zu sein und verringert so die Kontrolle des Narzissten über Sie.

Termine für Workshops

Erstellen Sie bis zur Inkraftsetzung Ihrer Gerichtsbeschlüsse eigene Zeitpläne für logistische Fragen wie Transport, Kontakt und andere trennungsbezogene Aktivitäten. Diese Zeitpläne können Teil eines PARR-Prozesses (Parenting Agreement Review and Recommendations) sein, der möglicherweise erforderlich ist, wenn Sie vor Gericht gehen. Teilen Sie in der Zwischenzeit mit, wann Sie für Terminplanungsgespräche verfügbar sind. Diese Workshops können über Messaging-Apps oder E-Mail durchgeführt werden, achten Sie jedoch darauf, dass sie begrenzt und fokussiert bleiben.

Auf Spannungen reagieren

Niemand hat das Recht, Sie schlecht zu behandeln, aber Narzissten reagieren oft defensiv und nehmen Angriffe wahr, wo keine sind. Diese Spannung ist schädlich für Kinder. Wenn ein Narzisst konfliktadaptives Verhalten wie verbale Einschüchterung, spöttischen Sarkasmus, Drohungen oder Aggression an den Tag legt, versuchen Sie, **einen Tonfall zu verwenden, der dies in Ihren Antworten widerspiegelt**. Ändern Sie die Botschaft, Verpackung, Sprache oder den emotionalen Aspekt Ihrer Antwort, um die Situation indirekt oder metaphorisch anzusprechen. Wenn der Narzisst beispielsweise ein Bild von Autoschlüsseln mit einem abfälligen Kommentar wie „Wann wolltest du die das nächste Mal benutzen?" schickt, könnten Sie mit Tag und Uhrzeit des Besuchs des Kindes antworten und mit „Bis Sonntag!" schließen. Dies entschärft die Situation, ohne den beabsichtigten Konflikt auszulösen.

Förderung positiver Kommunikation

Der Kern einer effektiven gemeinsamen Erziehung ist **positive Kommunikation**. Das bedeutet, dass Sie einen verbalen Kommunikationsstil wählen, der nicht beschämt oder verharmlost, sondern Ihnen die Wahrheit über Ihre Erfahrungen mit der Trennung oder parallelen Erziehung mit einem Narzissten sagt. Nutzen Sie Negativität, um nach Wegen zu suchen, sich weiter zu distanzieren oder Grenzen zu stärken, und stellen Sie sicher, dass Sie der richtige Elternteil bleiben, ungeachtet der Versuche des Narzissten, die Wahrheit zu verdrehen.

Merkmale positiver Kommunikation

Parallele Erziehung mit einem Narzissten bedeutet, direkte Diskussionen über das Wohlergehen der Kinder zu vermeiden, nicht zu versuchen, die Programmierung des anderen Elternteils rückgängig zu machen, Triangulation zu vermeiden und notwendige Informationen auszutauschen, ohne sich mit subjektiven Fakten oder Überzeugungen zu befassen. Einer der wichtigsten Aspekte Ihrer „ Parentektomie " ist, Stressreaktionen positiv zu bewältigen. Die Beendigung der gemeinsamen Erziehung mit einem Narzissten kann von Negativität geprägt sein, aber die Beibehaltung der parallelen Erziehung ermöglicht spätere potenzielle Verbindungen und Austausche , insbesondere in ernsten Situationen, ohne zusätzliche Spannungen. Die parallele Erziehung ist unerlässlich, um Ihr Kind und sich selbst vor Missbrauch zu schützen, der das Selbstwertgefühl zerstört, tiefsitzende Unsicherheiten erzeugt und Frieden durch ein Leben voller Spannungen ersetzt.

Teil IV: Konzentration auf die Erziehung sicherer

Eltern kommen oft zu mir als Therapeutin, wenn sie das Gefühl haben, dass die emotionalen Auswirkungen der gemeinsamen Erziehung mit einem Narzissten ihre Kinder beeinträchtigen. Dies ist ein wichtiges Thema, das angesprochen werden muss. Sobald wir unsere eigenen Systeme und Reaktionen auf die manipulativen Methoden des Narzissten in einen gesunden Zustand gebracht haben, müssen wir unseren Kindern helfen. In vielerlei Hinsicht ist dies der wichtigste Teil des Genesungsprozesses. Kinder sollten niemals die Krücke oder der Hauptmotivator für gesunde Entscheidungen in Bezug auf einen Narzissten sein; das sollten Sie sein. Sobald Sie jedoch an einem gesünderen Ort sind, ist es unerlässlich, das emotionale und psychische Wohlbefinden Ihrer Kinder zur Priorität zu machen.

In diesem Abschnitt von *„Gemeinsame Erziehung mit einem Narzissten: Ein therapeutischer Leitfaden, um Frieden zu schaffen, Widerstandsfähigkeit aufzubauen und sichere Kinder großzuziehen"* besprechen wir die Auswirkungen der gemeinsamen Erziehung mit einem Narzissten auf Kinder, einschließlich einiger der Grundprobleme, die dadurch entstehen, und wie sie sich negativ auf sie auswirken. Anschließend führen wir ein unterstützenderes und stärkenderes Gespräch darüber, wie man Widerstandsfähigkeit aufbauen und ein starkes, gesundes Selbstwertgefühl bei Kindern fördern kann. Wir erkunden Möglichkeiten, einen „präventiven" Ansatz zu verfolgen, um Ihre Kinder vor einigen schädlichen Aspekten der gemeinsamen Erziehung mit einem Narzissten zu schützen. Darüber hinaus sprechen wir über Bereiche, in denen Sie Ihre Kinder stärken können – wie Sie ihre Erfahrungen einordnen und sie zu einem Teil der Lösung machen.

Die Auswirkungen der gemeinsamen Erziehung mit einem Narzissten auf Kinder verstehen

Jede Kommunikation über das Kind scheint für den narzisstischen Elternteil eine Gelegenheit zu sein, darauf hinzuweisen, was für ein schrecklicher Elternteil Sie sind. Ihre Kinder sehen und hören zu, wie die Hälfte ihrer Bezugspersonen an Einfluss und Erfahrung verliert. Das Gefühl Ihres Kindes für Familie, Liebe und stabile Beziehungen wird durch wiederholte Gerichtstermine und möglicherweise die Einmischung des Jugendamts in sein Leben gestört. Ein Kind, das in dieser Dynamik aufwächst, gewöhnt sich daran, einen Bezugsperson zu haben, der ein Feind ist, und kann das Gefühl haben, dass die andere Bezugsperson es nie wirklich geliebt hat, wenn es sieht, wie bereitwillig es sich an Dominanzdynamiken beteiligt.

Narzisstischen Personen fehlt oft die Einsicht, was ein Kind wirklich braucht, weil sie nicht über die Grenzen ihres eigenen emotionalen inneren Kindes hinaussehen können. Manche nutzen ihr Kind sogar, um Ihnen metaphorisch in die Magengrube zu schlagen. Dies kann so subtil sein, dass Sie dem Kind nichts sagen, aus Angst, nicht großartig oder groß dazustehen, oder dass Sie dem Kind direkt etwas Abfälliges über Sie sagen. Die meisten Kinder geschiedener Narzissten trauern um eine „falsche Familie", weil sie an dem Idealbild dessen festhalten, was sein sollte. Während dieser Trauer ist es üblich, einem Elternteil die Schuld zu geben und nicht dem anderen, ein Beweis für die leidenschaftliche Liebe, die sie für eine Familie empfinden, die es nicht gibt.

Eine Studie mit 211 US-Studenten ergab, dass die Auswirkungen des Verlusts eines Elternteils durch Scheidung doppelt so groß sind, wenn ein Elternteil narzisstische Züge hat. Dies setzt sich im Erwachsenenleben fort und äußert sich in überentwickelten Suchtproblemen mit Alkohol, Drogen, Geld, Sex und Romantik, um die durch den Verlust entstandene Leere zu füllen. Es könnte den Anschein erwecken, dass eine intakte Ehe zwischen zwei Narzissten besser für das Kind ist als eine Scheidung der Eltern. Mit den richtigen Daten kann man jedoch eine Welt ohne jede Wahrheit rationalisieren.

Stärkung der Widerstandsfähigkeit und des Selbstwertgefühls bei Kindern

Das Wohl Ihres Kindes steht an erster Stelle.

Die meisten narzisstischen Menschen versuchen ständig, ihren Wert zu beweisen. Diese Dynamik beeinflusst die innere Einstellung Ihres Kindes, wenn es ihr ausgesetzt ist. Sie können den Narzissten nicht ändern, aber Sie können frühzeitig bei Ihren Kindern eingreifen, um Stärke und Ausdauer aufzubauen. Resilienz ist die Fähigkeit, sich von Widrigkeiten zu erholen. Angst und Unbehagen sind natürliche Emotionen und Motivatoren im Leben. Betonen Sie „das Problem" in Bezug auf Charakter und Stärke. Sie sind ein großartiges Vorbild und Ihre Kinder spiegeln Ihre Stärke und Ausdauer wider.

Kinder, die aufblühen, sind diejenigen, die verstehen, wie viel Segen das Geben bringt. Frühe Forscher fanden heraus, dass Kinder mit geringem Selbstwertgefühl nur wenig Ermutigung von den Erwachsenen in ihrem Umfeld oder von Gleichaltrigen und Geschwistern erhielten. Infolgedessen zeigte eine Studie an 2.000 Mittelschülern, dass Ermutigung eine bedeutende Rolle in ihrer Entwicklung spielt. Das sind die Kinder, die wirklich aufblühen. Der Kern ihrer Peergroup dreht sich nicht um das Bedürfnis, positiv zu sein. Ihr Kern ist, was er ist – sie sind jenseits des Bedürfnisses, positiv zu sein. Es ist entscheidend, bei Ihren Kindern ein starkes Glaubenssystem aufzubauen und konsequent zu sein.

Ich habe nie gedacht, dass ich für die Massen spreche, sondern eher für ein einzelnes Kind mit all seinen Problemen. Ich glaube, dass Veränderungen für alle Familien möglich sind, insbesondere für Scheidungsfamilien. Ein Kind ist nicht die Scheidung, und eine Familie ist immer noch eine Familie, egal wie sehr sie nach Freiheit und Gesundheit strebt. Ihr Kind wird auf dem Boden stehen, den Sie mit Stolz, Liebe und Sicherheit füllen, und der Rest wird auf der Strecke bleiben.

Abschluss

Hier sind wir nun am Ende einer weiteren langen Reise der gemeinsamen Erziehung mit einem Narzissten. Egal, ob Sie am Anfang Ihres Weges stehen oder schon seit langem in diesem Kampf stecken, ich hoffe, dieser Leitfaden hat Ihnen etwas Trost und Wert gegeben. Setzen Sie ein Lesezeichen darauf und kehren Sie so oft zurück, wie Sie möchten. Ich habe ihn für Sie geschrieben, weil Sie mich dazu inspiriert haben. In dieser Welt sind unsere Grenzen hart erkämpft, unsere Arbeit ist ein Akt der vorbeugenden Instandhaltung und unsere Belohnung ist Frieden. Ihre Kinder lernen, dass Sie, selbst wenn Ihre Grenzen überschritten werden, stark, verzeihend und flexibel sind, wenn es nötig ist. Sie lernen, dass es manchmal in Ordnung ist, loszulassen, weil nicht alles wichtig ist, sondern Frieden und der Zustand unserer Herzen und Gedanken. Letztendlich sind es sie, die davon profitieren. Sie können Ihre Wurzeln ausreißen und auf jedem Feld, auf das Sie die Reise Ihrer Familie führt, neu pflanzen.

Einige von uns sind trotz und nicht wegen des Narzissten geheilt . Einige von uns haben trotz der zusätzlichen Belastung ihrer spektakulären Störung gelitten. Einige hatten das Vergnügen, diese anstrengende Zeit unseres Lebens zu überstehen. Das Ziel dieses Leitfadens ist es, uns zu helfen, die vernünftigen, achtsamen und widerstandsfähigen Menschen zu werden, die ich auf dieser Reise kennengelernt habe. In dieser Neuausrichtung geht es um Anmut, Wachstum und die Kinder, die wir großziehen. Ich hoffe, Sie werden Ihren Kindern helfen, indem Sie die beschriebene Verbindung zwischen Geist und Herz praktizieren – weitermachen und weitermachen, weil Sie wertvolle Arbeit zu erledigen haben. Es ist Zeit, ihnen ein noch präsenteres, verbundeneres und kraftvolleres Ich zu zeigen.

~ In Liebe, Rebecca

Friede (Salaam), meine Schwestern. Wenn auch nur für eine Weile, Frieden und Segen für alle eure Heime. Um die Prämisse dieses Leitfadens umzusetzen, sind drei Schlüsselelemente erforderlich, um den Auswirkungen der gemeinsamen Erziehung mit einem Narzissten entgegenzuwirken: Grenzen, Frieden und die Erziehung sicherer Kinder.

Nachdenken über die gemeinsame Erziehung mit einem Narzissten

Ich hatte erst zwei Beiträge einer Partnerschaftsserie für Psychology Today geschrieben, als sich meine Aufmerksamkeit ganz einem bestimmten Projekt zuwandte . Als ich aus dem Fenster starrte und über die Erfahrungen und Erkenntnisse nachdachte, die ich teilen wollte, fiel mir nur ein Thema ein: Gemeinsame Erziehung mit einem Narzissten meistern. Das spricht Bände! Jetzt, sechzehn Beiträge später, ist es ein nachdenklicher, ergreifender Moment, um zurückzukommen und über diese sechsteilige Essay-Reise nachzudenken. Es gibt nichts Vergleichbares zur gemeinsamen Erziehung mit einem „echten Narzissten". Obwohl dieser Begriff im modernen Jargon leichtfertig verwendet wird, teilen die meisten Menschen nicht die nacheheliche „Bindung", die Überlebende dieser Störung entwickeln. Obwohl ich versuchte, mich in die Lage derjenigen zu versetzen, die liebevoll bei Google nach „gemeinsamen Erziehung bei NPD und Geheimnissen der Kumbaya" suchen, treffen die Idealisierung der NPD-„Community" und die verliebten Behauptungen zur Erziehung im Kontext einer tatsächlichen NPD nicht zu.

Die wichtigsten Säulen dieser Essay-Reihe spiegeln Anpassungsstrategien für Fachleute wie Psychologen, Therapeuten und Elternberater wider – Experten für Familien, Ehe, Scheidung und gemeinsame Erziehung. Montserrat Gas, Ph.D., hat die Reihe mit dem fünften Teil abgeschlossen. Die wichtigsten Erkenntnisse aus der beruflichen Tätigkeit fassen die bisher behandelte Arbeit gut zusammen. Wenn Sie einen Ex und Kinder mit NPD haben oder hatten, haben Sie wahrscheinlich aufgeatmet und über die „Anpassung Ihrer Ziele für die gemeinsame Erziehung" und „Auswahl Ihrer Schlachten" gelacht. Dr. Fine macht nicht mit bei den „Freuden der gemeinsamen Erziehung, der gegenseitigen Überlegenheit in der Erziehung oder der gegenseitigen Unglückseligkeit". Vielmehr sind meine Worte an Eltern gerichtet. Die allgemeine Erkenntnis? Jeder von uns kann und sollte in sich gehen und die Narben einer Beziehung mit einem Narzissten heilen.

Sich zu fragen, ob die gemeinsame Erziehung mit einem Narzissten gut oder schlecht war, ist sinnlos. Wenn ich mir anschaue, wie sich mein Ex-NPD schlecht benommen hat, habe ich manchmal das Gefühl, nie Fortschritte gemacht zu haben. Aber das Gesamtbild zeigt, dass Fortschritte nicht immer einfach zu messen sind. Wachstum entsteht durch zahllose Momente, in denen ich meine gerechte Strafe bekomme, manchmal albern, wie zum Beispiel, wenn ich meinen Ex-NPD für wichtige Ereignisse vorwarne (damit ich nicht überrascht aussehe, wenn er halb in Tränen aufgelöst an meiner Tür auftaucht oder wenn jemand kommt, um ein Zwangsvollstreckungsverfahren durchzuführen). Diese Reise hat mir sogar geholfen, langsam Freunde zu finden und die Dinge aus der Perspektive der Freudschen und kognitiven Verhaltenstherapie zu verstehen, indem ich sie mit Ninja-Filmen und Filmen wie „Matrix" in Verbindung bringe.

www.ingramcontent.com/pod-product-compliance
Lightning Source LLC
LaVergne TN
LVHW092103060526
838201LV00047B/1550